AF325949

SOCIÉTÉ

DE

GÉOGRAPHIE.

QUESTIONS

PROPOSÉES

AUX VOYAGEURS ET A TOUTES LES PERSONNES

QUI

S'INTÉRESSENT AUX PROGRÈS DE LA GÉOGRAPHIE.

PREMIÈRE SÉRIE.

PARIS,

SE TROUVE AU BUREAU DE LA SOCIÉTÉ,

RUE TARANNE, N°. 12.

DE L'IMPRIMERIE D'ÉVERAT, IMPRIMEUR DE LA SOCIÉTÉ,

RUE DU CADRAN, N° 16.

1824.

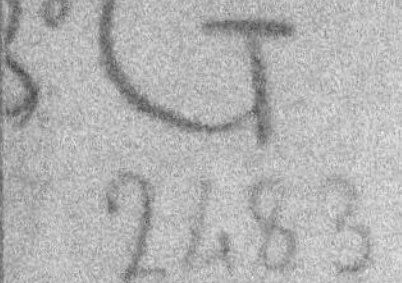

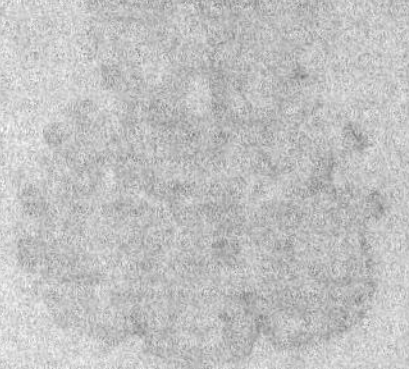

La Société de Géographie, convaincue que la publicité des questions rédigées par plusieurs de ses membres, et adressées par elle aux voyageurs qui parcourent en ce moment les contrées peu connues, est un moyen puissant de répandre du jour sur les points les plus importans de la science, a résolu de faire imprimer ces questions par séries successives. Un Comité spécial, choisi dans les trois Sections de la Commission centrale, est chargé de surveiller le travail. En le publiant, la Société a l'espoir qu'un plus grand nombre d'observateurs et d'amis de la Géographie travailleront à éclaircir les difficultés et les problèmes dont la solution est desirée. Elle se flatte aussi que tous ceux de ses membres qui sont en position de répondre à ces questions, s'empresseront de lui adresser les renseignemens qu'elle desire. Elle invite également tous ceux qui s'intéressent aux progrès de la science, à lui en adresser de nouvelles sur les points difficiles de la Géographie du globe, et sur toutes les lacunes qui auraient fixé leur attention, afin qu'elle dirige utilement l'envoi de ces questions, là où ses relations lui permettent d'espérer des résultats utiles, et qu'elle leur donne, s'il y a lieu, une place dans les séries qui seront publiées successivement.

L'ensemble de ces questions finira par embrasser tous les doutes à éclaircir, tous les travaux à faire ; il en résultera aussi un livre utile aux voyageurs, et propre à intéresser le monde savant.

On sent qu'il était impossible de suivre ici rigoureusement l'ordre géographique ; les questions ont été rédigées à mesure que les besoins s'en faisaient sentir, c'est-à-dire à mesure que de nouveaux voyageurs présentaient à la Société l'occasion de demander des recherches nouvelles ; mais on a prévu l'inconvénient qui pouvait en résulter ; l'impression de chaque série est ordonnée de manière à pouvoir commodément rapprocher les questions diverses qui se rapportent à tel ou tel pays. On aura, par ce moyen, la faculté de multiplier, pour chaque contrée différente, les questions qui la concernent, et il sera possible d'éviter les répétitions.

La Société a annoncé, dans son Bulletin mensuel, la publication d'un *Recueil de voyages, de relations géographiques et de mémoires*, dont le premier volume est sur le point de paraître : elle renouvelle cette annonce, persuadée que les ouvrages et les recherches qui lui seront adressés, en réponse à ses questions, pourront fournir à ce Recueil d'utiles matériaux ; et quant aux observations présentées sous une forme plus concise, elle ne les accueillera pas avec un moindre empressement, et elle les publiera par la voie de son recueil périodique, toutes les fois qu'elles renfermeront des résultats neufs pour la science.

Elle se flatte que cet appel désintéressé, et exempt de toute vue personnelle, adressé à tous les amis des connaissances géographiques existant sur le globe, en même temps qu'aux courageux explorateurs qui s'efforcent d'en reculer les limites, sera un germe fécond, capable de produire un jour des fruits abondans.

QUESTIONS

PROPOSÉES

AUX VOYAGEURS ET A TOUTES LES PERSONNES.

QUI

S'INTÉRESSENT AUX PROGRÈS DE LA GÉOGRAPHIE.

PERSE.

1° DÉTERMINER et faire connaître, par des renseignemens aussi précis qu'il sera possible, la structure, la hauteur au-dessus du niveau de l'océan, la direction, l'étendue et la dénomination des chaînes de montagnes qui existent tant en Perse qu'en Arménie, en s'attachant surtout aux noms locaux de ces montagnes, afin d'éviter les désignations trop générales qui ne font que jeter de la confusion dans l'esprit.

Le nom d'*Elbours*, par exemple, est donné, sur les cartes, à une suite assez considérable de montagnes. Il faudrait indiquer les limites de la chaîne qui porte réellement ce nom. Il serait important de savoir si, dans cette chaîne dite d'Elbours, il a existé des volcans; quels ils furent, quelles sont les traces qui en subsistent, et de reconnaître la présence, la durée, ainsi que les époques de la fonte des neiges sur ces montagnes.

2° Donner des renseignemens sur l'étendue des déserts de la Perse; indiquer leur nature; chercher à connaître s'ils augmentent ou s'ils diminuent; et dire si quelques obstacles naturels ou artificiels s'opposent ou ne s'opposent pas à l'extension de ces déserts

3° *Mers et lacs.* — Faire connaître le niveau de la mer Caspienne, ainsi que celui de la mer d'Aral, et dire s'il y a tradition d'un abaissement de ces niveaux et d'une augmentation ou d'une diminution de salure. Donner la nomenclature des lacs, examiner leurs côtes ; indiquer leur longueur, leur largeur et leur profondeur ; décrire les animaux qui y vivent, et les coquilles que l'on y rencontre ; rapporter quelques-unes de ces coquilles.

4° *Cours d'eau.* — Déterminer leur étendue, leur hauteur à la source ; les interruptions qu'ils éprouvent dans leur prolongement, s'il y a lieu ; dire si les eaux vont se jeter dans le golfe Persique, ou se perdre dans les sables, les causes ; s'il y a des rivières souterraines ; présenter quelques résultats sur l'évaporation des eaux, les époques et la durée des inondations ; faire connaître les sources qui donnent des substances particulières.

5° Donner une idée de la nature du sol, de celle des mines, et de la manière d'en extraire les produits ; faire connaître les procédés dont on fait usage pour la fabrication du fer, de l'acier, etc.

6° Dire à quelle hauteur cesse la végétation, et quelles sont les plantes propres au pays ; envoyer des renseignemens sur la culture du coton en Perse ; en rapporter quelques graines. Entrer dans quelques détails sur la canne à sucre du Mazanderan, et en rapporter des plants.

7° Envoyer des renseignemens positifs sur les chèvres du Kerman, s'assurer si elles sont d'importation étrangère, et, en ce cas, de l'époque à laquelle elles ont été introduites ; décrire leur conformation, et la représenter au moyen d'un dessin ; indiquer l'origine du *tiftik* ou chevron de Perse, et en rapporter des échantillons.

8° Faire connaître exactement quels sont les matériaux qui servent aux constructions des maisons, ainsi qu'à leur toiture, et au pavage des rues ?

9° Donner des explications sur la substance appelée *mummie.*

10° Recueillir des renseignemens sur la religion les mœurs et les coutumes des Guèbres en Perse.

11° Faire des recherches sur la population, sur la proportion des sexes, sur les naissances et les décès ; donner au moins des probabilités à cet égard.

12° Il serait utile de savoir quelles sont les parties de la Perse où le *Cholera—morbus* a étendu ses ravages ; indiquer la direction qu'a suivie ce fléau, et les limites où il s'est arrêté.

13° Indiquer les difficultés géographiques qui se présenteront ; les erreurs qu'on aura remarquées dans les cartes ; donner une attention toute particulière aux noms ; les écrire d'après la prononciation, et en outre, en caractères arabes.

14° Prendre note des manuscrits importans que l'on pourrait rencontrer, et acheter tous ceux qui sembleraient propres à jeter de nouvelles lumières sur la géographie orientale.

P. A. JAUBERT.

Additions aux questions précédentes.

1° En plusieurs endroits de la Perse, et surtout aux environs des grands déserts, les rivières, avant de se perdre dans les sables, passent sous terre, et les habitans suivent leurs courans par le moyen de puits pratiqués très-anciennement. Reconnaître ces puits. Il en existe aux environs de Téhéran, de Damghan et d'autres endroits. Ces puits sont mentionnés dans Polybe.

2° Les ruines de l'ancienne ville d'Ecbatanes existent dans la partie méridionale de Hamadan. Un aqueduc, construit par Sémiramis, amenait l'eau à cette ville, d'une source située à une demi-lieue dans la montagne. Cet aqueduc existe encore ; il consiste seulement en un canal ménagé sur la pente de la montagne et à la tête de la source qui fournit l'eau ; sur le rocher, sont deux inscriptions assez longues, en caractères cloudiformes. Il faudrait vérifier tous ces faits, et copier, s'il est possible, les inscriptions et même les bas-reliefs, s'il y en avait.

B. DU B.

ARMÉNIE.

1° Reconnaître les chaînes de montagnes; désigner les phénomènes qu'elles présentent et recueillir les traditions locales que les peuples auront pu conserver à ce sujet.

2° Visiter, s'il est possible, l'antre de Teckman, situé dans le canton de ce nom, Pachalic d'Erzeroum. Les anciens appelaient cette grotte l'antre de Manali, comme on peut le voir dans l'histoire de Moïse de Khorène, liv. III, ch. 45, édit. de Londres.

Au rapport des habitans du pays, cet antre est assez vaste pour contenir plusieurs milliers d'hommes; on y trouve un lac tout au fond.

3° Visiter également les antres des monts Sassaoum, qui font partie de la chaîne du Taurus, et sont situés entre les sources du Tigre et le lac de Van.

Visiter enfin les antres de la partie des monts Gordiens qui s'élève au S. du lac de Van. Cette contrée montagneuse s'appelait autrefois en arménien Andzavatzi, c'est-à-dire, pays des antres. Elle fait actuellement partie de la principauté de Djoulamerg, gouvernée par des princes kurdes appelés Hékiari.

4° Donner des détails circonstanciés sur les sources, la longueur du cours, la profondeur et les sinuosités de l'Euphrate, du Tigre, de l'Araxes, du Kour et du Giorok, et faire connaître le nombre et les dénominations des rivières, plus ou moins considérables, qui se jettent dans ces fleuves.

5° Examiner les côtes des lacs de Van, d'Ormiah, de Hartehog, de Sevon et d'Ardchak ; faire connaître la longueur, la largeur et la profondeur de chacun d'eux ; indiquer le nombre, le nom et la position des villes et villages bâtis sur ces côtes ; donner un dessin du seul poisson que l'on trouve, dit-on, dans le lac de Van.

CIRBIED.

Observations générales.

1° Déterminer, s'il y a moyen, les latitudes et les longitudes des endroits où les fleuves prennent leurs sources, aussi bien que celles des pics principaux des chaînes de montagnes.

2° Visiter les principaux monastères, et voir si l'on n'y trouverait pas quelques manuscrits précieux.

3° Apporter un grand soin dans la transcription des noms propres et en donner la correspondance dans l'écriture du pays.

4° Indiquer partout la manière de voyager la plus commode et la moins coûteuse.

ARABIE.

1° Niébuhr, et depuis Seetzen, Badia dit Aly-Bey, Burckhardt, ont parcouru tout le littoral à l'O. et au S. de l'Arabie, et pénétré même assez avant dans l'intérieur de la Péninsule ; mais ils n'ont procuré presque aucune lumière sur la partie centrale. On ignore à peu-près entièrement le cours des eaux qui l'arrosent pendant la saison pluvieuse. L'enchaînement des montagnes qui divisent en plusieurs bassins ce continent, est tout-à-fait ignoré. On ne sait pas encore s'il existe dans toute son étendue un courant notable, conservant ses eaux toute l'année : comme on serait induit à le croire d'après les anciens géographes. Il importerait d'éclaircir ces différens points de géographie positive.

2° Quand on aura obtenu à cet égard des résultats satisfaisans, il faudra porter son attention sur l'état actuel de la population de l'Arabie Centrale; rechercher quelles sont ses tribus, ses villes, ses ressources; s'assurer de la situation actuelle des Wahàbys, considérés comme secte; reconnaître si leur soumission au vice-roi d'Égypte est complète et permet à des voyageurs Européens, qui seraient protégés par ce prince, de parcourir le pays en sûreté, d'y faire des observations astronomiques, barométriques, etc.

3° Il serait utile de connaître les lacs de l'intérieur qui sont permanens, et généralement toutes les eaux stagnantes qui servent à l'irrigation des terres et aux besoins des habitans.

4° Dans plusieurs cartes on a tracé un canal qui s'éloigne peu de la rive occidentale du golfe Persique, depuis Bahreyn jusqu'à el-Koueyt. Bien que l'existence en paraisse douteuse, on desire savoir quelle circonstance a donné lieu à l'introduction de ce canal dans les cartes d'Arabie.

5° Il règne un froid très-vif sur le sommet de la montagne de Tâyef, ville surnommée le *Jardin de la Mecque* (1); les auteurs Arabes assurent même qu'il y gèle. On demande : 1° quelques observations barométriques, faites au pied et sur la cîme de cette montagne, et, s'il se peut, en même temps et à midi. 2° S'il y a sur cette montagne de la neige en quelque temps de l'année, et, dans ce cas, à quelle époque elle commence à fondre.

6° Un point particulier de géographie fixera aussi l'attention des voyageurs; c'est l'existence et l'emplacement de la ville d'Yemàmah, position sur laquelle diffèrent beaucoup les géographes

---

(1) Ce point est la limite au S.-O. de l'Arabie Centrale sur laquelle portent spécialement les questions qui précèdent.

Arabes, et qui paraît devoir être cherchée au S.-E. d'El-Derreyeh, capitale du pays de Nedjd : cette question est liée à celle de l'existence d'un grand courant, sur lequel Yemâmah était bâtie, et qui porte le nom *d'Aftàn* sur les cartes modernes.

La circonstance actuelle est favorable pour pénétrer au centre de la presqu'île Arabique. Il est à desirer qu'on la mette à profit, avant que les Arabes Wahâbys ne secouent encore une fois le joug de la Porte, événement qui rendrait impossible les observations des voyageurs munis d'instrumens.

E. J.

TRIPOLI ET AFRIQUE SEPTENTRIONALE.

§ I. *Montagnes.*

Les diverses branches du mont Atlas forment, dans le Maroc, l'Alger et le Tunis, un grand plateau ou pays élevé, entrecoupé de vallées et couronné de montagnes, jouissant d'une température modérée et renfermant beaucoup de terrains fertiles. Nous n'avons aucune preuve certaine que ce plateau continue plus à l'E. que la petite Syrte et la ville de Gadames. Les assertions des géographes, tant Arabes qu'Européens, sur ce point, ne sont pas suffisamment appuyées sur des témoignages oculaires. En admettant qu'une chaîne, détachée du plateau atlantique, au S. de la Petite Syrte, vienne joindre les montagnes de l'intérieur de Tripoli, il paraît au moins probable que cette chaîne elle-même se termine dans le méridien de la Grande Syrte. Pour arriver à la solution de ce problème, il serait à desirer que Messieurs les voyageurs s'occupassent des questions principales suivantes.

Quelle est l'étendue de l'O. à l'E. de la chaîne des montagnes situées au S. de Tripoli et nommées *Garéan* ou *Ghuriano?* quelle est leur élévation ? s'il est impossible d'en avoir une mesure barométrique, ne pourrait-on pas obtenir une liste un peu complète des plantes qui y croissent, en marquant, autant que possible, l'élévation du lieu? Est-il vrai que du haut de ces montagnes on voie la mer Méditerranée? A quelle distance de Tripoli sont les points d'où l'on aperçoit la mer? Quelles sont les roches et pierres aux environs du château de *Garéan* ou *Ghuriano*, et en d'autres endroits de ce canton montagneux accessibles aux Tripolitains? S'il est vrai, comme le voyageur Suédois Rothmann l'assure, qu'il y tombe de la neige, en quel mois commence-t-elle à tomber et quand disparaît-elle?

La chaîne ou le groupe de montagnes de *Garéan* est-il lié aux montagnes *Soudah*, que MM. Ritchie et Lyon ont traversées en allant au Fezzan?

Que pensent les indigènes instruits de l'assertion du géographe Edrisi : « Le mont *Lamta*, dit cet écrivain, commence dans le » Maroc, près de Sus, et se dirige droit à l'E.; il joint au S. » du golfe de Kabes (la Petite Syrte), les monts *Nofusa*, et en » prend même le nom; il se réunit aux monts *Mokra* (monts Ghu- » riano) et disparaît ensuite entièrement. » Ces faits et ces noms sont-ils connus à Tripoli?

Que pensent les Tripolitains relativement à l'opinion d'Aboulfeda qui, d'après les assertions des pélerins de la caravane des Mogrebbins, continue les chaînes du mont Atlas jusques en Égypte?

Les indigènes instruits adoptent-ils l'opinion de Léon l'Africain, qui fait continuer le Mont Atlas jusqu'à un endroit appelé *Jubel Moyce* (Djebbel Moïs) à l'O. d'Alexandrie, par 31 degrés de latitude N. et 41 degrés de longitude E. de l'île de Ferro?

M. Della Cella n'ayant vu aucune montagne au S. de la Grande Syrte, « aussi loin que sa vue portait, » doit-on conclure de ce témoignage qu'il n'y a aucune communication entre les montagnes qui bordent le Fezzan au N., et celles qui s'étendent au S. du désert de Barqah vers Angéla et Syouah.

§ II. *Monumens de Tripoli, de Lepta, de Cyrène, etc.*

Les nombreux monumens des villes Romaines ou Grecques comprises dans la régence de Tripoli, n'ont été décrits que d'une manière très-superficielle par les voyageurs, et plusieurs dont on a l'indication ne l'ont pas été du tout. Les dessins de monumens et les *fac-simile* des inscriptions qu'on pourrait obtenir à Tripoli, seraient d'un grand intérêt pour éclaircir l'histoire de ces pays; et, dans le cas même où ils ne remplaceraient pas les témoignages oculaires des voyageurs européens, fourniraient toujours quelques traits de lumière et quelques termes de comparaison. On rendrait donc un service éminent à la science si l'on pouvait procurer à la Société de Géographie des dessins, des *fac-simile*, et même de simples indications sur des monumens quelconques, existant dans la régence de Tripoli (1).

Un voyageur Anglais, M. Blaquière, assure qu'une personne de sa connaissance a vu, au S. de l'extrémité la plus méridionale de la Grande Syrte, les ruines, très-bien conservées, d'une grande ville Grecque ou Romaine. M. Della Cella n'en fait aucune mention; mais il serait possible que ces ruines fussent situées bien plus au S. que la route de ce voyageur.

§ 3. *Côtes du golfe de la Grande-Syrte.*

Les reconnaissances nautiques faites récemment par MM. les capitaines Gauttier et Smyth ayant eu pour résultat de donner au golfe de la Grande Syrte une forme arrondie au lieu des côtes dentelées qu'ils présentent sur les cartes géographiques, il s'élève une difficulté sur la concordance qui devrait exister entre la géographie ancienne et l'état réel des lieux? On demande s'il n'existe pas des traces d'un changement physique que ces côtes auraient subi depuis les siècles de Strabon et de Ptolémée? si les rivages de la Grande Syrte ne sont pas bordés par un certain nombre de lagunes qui, aujourd'hui séparées de la mer par des bancs de sa-

---

(1) Voyez le procédé décrit dans le Bulletin de la Société d'encouragement, (XV année, pag. 82), pour obtenir les *fac simile* des inscriptions.

ble ou des dunes, ont autrefois pu en faire partie? Si, dans quelques parties, les limites de la mer et de la terre ne sont pas encore aujourd'hui sujettes à des variations considérables?

On desirerait qu'on pût indiquer le point précis, en longitude et en latitude, où finissent les côtes sablonneuses de la Syrte et où commencent les côtes élevées et pierreuses de la Cyrénaïque?

On desirerait des détails sur les couches de soufre en poudre dont, selon un navigateur cité par M. Della-Cella, le golfe de la Syrte serait couvert dans plusieurs endroits. Si c'est réellement du soufre, ce phénomene correspondrait avec celui qu'on voit quelquefois dans les mers de l'Islande; et il serait intéressant de savoir où existent les volcans qui fournissent cette poudre. Pour résoudre cette question, il faudrait faire attention aux époques où cette poudre de soufre paraît, et quels sont alors les vents régnans. Mais il faut, avant tout, s'assurer si cette prétendue poudre de soufre ne serait pas tout simplement la poussière séminale de quelques plantes ou arbres de la Cyrénaïque.

4. *Juifs du mont Garéan.*

On a souvent prétendu que, dans la population du mont Garéan, il se trouve un grand nombre de Juifs. Ce fait pourrait-il être vérifié? Ces Juifs ne seraient ils pas des descendans de la nombreuse population juive qui, sous les empereurs romains, occupait la Cyrénaïque? Tout manuscrit qu'on pourrait tirer de leurs mains, serait susceptible de devenir un document historique important, non-seulement par son contenu, mais encore par la seule forme des caractères dans lesquels il serait écrit.

5. *Ville de Gadames.*

La position de ce point important pour la géographie et pour le commerce de l'intérieur de l'Afrique a été suffisamment déterminée par les recherches de M. Walckenaer; mais il n'en devient que plus intéressant d'obtenir des itinéraires qui se rattachent à ce point fixe ; on désirerait surtout en avoir qui fussent dirigés vers l'Ouest, à travers le grand espace inconnu qui sépare les parties méridionales de la régence d'Alger, du pays de Touat.

La population de la ville de Gadames est, d'après les rapports faits à M. Lyon, composée de deux tribus entièrement distinctes, renfermées dans la même enceinte commune, mais séparées en deux quartiers par une muraille. Ce fait étant important pour toute l'histoire de l'antiquité, on est prié d'obtenir le plus de détails possible sur l'origine, la nature, les conditions et les résultats de cette union.

Deux vocabulaires des idiômes parlés par ces deux tribus, seraient aussi très-utiles.

6. Ile de Zerbi ou des Lotophages.

Cette île considérable, fertile et florissante, paraît, sur les cartes de d'Anville, avec plus de détails que sur aucune carte moderne. Il n'est pas permis de supposer que d'Anville ait donné des détails qui ne fussent pas appuyés sur des documens authentiques. Les voyageurs récens paraissent avoir négligé de visiter cette île avec le soin convenable. Ne pourrait-on pas trouver une occasion pour y envoyer un agent consulaire temporaire, afin d'obtenir des renseignemens sur un point où il semble qu'on pourrait former des relations commerciales très-utiles ?

MALTE-BRUN.

ENVIRONS DE LA CYRÉNAIQUE.

1° Végétaux.

La Société appelle l'attention particulière des voyageurs sur le pays des *Lotophages*, que l'on croit généralement correspondre au pays de Gadamès (*Géographie d'Hérodote, par le major Rennell*).

Il paraît constant que l'arbre qui a donné son nom à ces peuples, parce qu'ils en faisaient leur nourriture, est un *Rhamnus*, analogue au *Napeca* (*Nabk*) d'Égypte ; mais on ignore quelle est l'espèce de vin que ces peuples tiraient du *Lotus*. (*Hérod.* liv. IV.)

On tirait aussi une sorte de vin d'un arbre appelé *Melilotus* : cet arbre est inconnu. On doit, en général, porter ses recherches sur les végétaux cités, par les anciens auteurs, comme productions de l'Atlas : le *Citrum* (ou *Thyon* de Théophraste), le *Laserpitium* ou le *Silphium*, (*an Ferula Tingitana*, férule de Tanger?) et le *Melilotus*, dont Strabon dit qu'on fabriquait du vin (liv. XVII), sont les principaux qui méritent des recherches approfondies.

Il paraît que le père Pacifique, de la mission apostolique de Tripoli, a recueilli, près de la côte, des échantillons de Silphium : on en demande quelques-uns qui soient bien caractérisés.

À l'égard du Citrum ou Thyou, son bois passait pour incorruptible, et l'on en faisait les charpentes des temples. On connaissait son existence dès le milieu du quatrième siècle avant J.-C., sur l'Atlas, dans le pays d'Ammon et aux environs de Cyrène. En voici les caractères principaux, tels que les a tracés Théophraste. Il ressemble, par les branches, les feuilles, le tronc et le fruit, au cyprès sauvage. Il garde ses feuilles, et fructifie dans l'arrière saison. Sa taille est très-élevée ; il habite les contrées froides et les hautes montagnes ; sa racine est veinée et présente les accidens les plus riches. Les tables de Citrum, taillées dans la racine, étaient très-recherchées à Rome, et d'un prix excessif. On admirait des tables de cette espèce, dont le diamètre allait à quatre pieds et demi, et l'épaisseur à un demi-pied (1).

---

(1) Ces détails sont extraits d'un Mémoire de M. Mongez sur le *citrum*. Ce savant le regarde comme le même arbre que le *juniperus thurifera* Lin., tandis que M. Desfontaines prend pour le *citrum*, le *tamarix orientalis*.

2° *Sol, mœurs et usages.*

Il ne serait pas moins intéressant de connaître les espèces de lézards (Hérodote dit *Serpens et toutes sortes de reptiles*, liv. IV, CCLXXXIII), dont on prétend que les Troglodytes Éthiopiens faisaient leur nourriture. « Ces peuples, dit le même historien, n'ont pour tout » langage qu'un sifflement analogue à celui des chauve-souris; les » Garamantes vont à la chasse de ces hommes, sur des chars à » quatre chevaux. » Les traditions existantes pourraient apprendre quelles sont celles de ces remarques dont on peut aujourd'hui vérifier la justesse, ou bien qu'on doit reconnaître pour des fictions.

On demande des éclaircissemens sur les *Tertres de sel*, accompagnés de sources et d'habitations, et placés, selon l'historien, à dix jours les uns des autres, dans les plages sablonneuses comprises entre Thèbes et les colonnes d'Hercule : le pays d'Ammon était la première de ces stations; ne serait-ce pas une ancienne ligne itinéraire, suivie autrefois par le commerce de l'Afrique ?

3° *Iles de la petite Syrte.*

Strabon parle de deux îles attenant à la petite Syrte, *Cercinna* (peut-être Kerkeni) et *Meninx* (Zerbi); en outre, d'une autre petite île appelée *Cercinnitis*. On demande une description géographique, exacte et détaillée, de ce golfe, connu aussi sous le nom de Syrte *Lotophagique*, accompagnée d'une petite carte.

Que faut-il penser de *l'autel d'Ulysse*, qui se trouvait dans l'île Meninx, au rapport de Strabon, et qu'on alléguait en preuve de l'identité de ce lieu avec *la terre des Lotophages*, citée par Homère ?

E. J.

ALGER ET TUNIS,

En partant de Bone, Constantine et environs.

§ 1. La ville de Constantine fait-elle quelque commerce avec l'intérieur de l'Afrique ? envoie-t-elle des caravanes pour les pays de *Zab*, de *Gouerguelah*, de *Touat*, ainsi que pour le Soudan ? en reçoit-elle des caravanes ? quels sont les objets d'échange ? reconnait-on, parmi les objets apportés à Constantine, des boucles d'oreilles d'or très-massives et d'une forme presque carrée, comme le sont celles de la fabrique de Tombouctou ? les plumes d'autruche y arrivent-elles du pays de Zab, ou viennent-elles de plus loin ? y-a-t-il des facilités pour un voyageur qui voudrait se rendre dans les provinces intérieures avec une caravane ?

§ 2. La provinces de *Zab* et celle de *Gouerguelah* ou *Wergela*, paient-elles encore un tribut, soit en argent, soit en esclaves, au bey de Constantine ? l'influence de ce bey s'étend-elle considérablement dans l'intérieur ? pourrait-on espérer d'obtenir de lui des lettres de protection pour un voyageur européen qui voudrait aller à Gouerguelah ou à Touat ?

Si le bey de Constantine n'a pas le pouvoir de protéger un voyageur dans les provinces intérieures, quelle serait la manière d'y pénétrer ? les Berbers et les Maures font-ils des *grazzias* ou chasses aux esclaves, à travers le Sahara ? y admettraient-ils un européen ?

§ 3. Comme il doit exister à Constantine des marchands d'esclaves et des esclaves venus de l'intérieur, ne pourrait-on pas trouver moyen d'interroger quelques-uns de ces individus, pour tirer d'eux des détails sur les routes qu'ils ont suivies, sur les distances entre les divers marchés d'esclaves, et sur les noms des peuples et des villes qu'ils connaissent ?

Il serait à désirer qu'on pût obtenir aussi de ces individus, des vocabulaires dans les idiômes de l'intérieur, et que, dans chaque vocabulaire, les mêmes mots fussent reproduits, afin de les rendre comparables entr'eux.

C'est en recueillant de la bouche des Africains ces sortes de renseignemens, que Lucas, Burckhardt, Lyon et Seetzen ont rendu à la géographie et à l'histoire des peuples, les services les plus signalés.

§ 4. Pourrait-on ajouter quelque chose aux notions de Shaw sur la grande province de Zab, qui s'étend au midi de Constantine et qui présente comme un échantillon de l'intérieur de l'Afrique? quelle est la nature des fleuves qui la parcourent, et du lac sans écoulement où ces fleuves se perdent? les eaux de ce lac sont-elles salées ou douces? le lac et les fleuves sont-ils permanens ou temporaires?

Quels sont les noms que ce pays, ses fleuves et son lac portent, soit dans la langue des Maures, soit dans celle des Berbers, ou dans toute autre idiôme du pays?

Yakouti, géographe arabe, ayant dit que le Zab était compris dans la terre des Berbers, on desirerait savoir si la population Berbère y domine.

Serait-il possible d'établir, à Biscara ou à Tuggurt, ou dans toute autre ville du Zab, un agent commercial, qui pourrait en même temps s'occuper de recherches géographiques?

§ 5. Quel est le sens précis et complet du nom de *Biled-ul-Gerid?* Le sens généralement adopté est fondé sur les expressions de Léon l'Africain. On y comprend toute cette lisière de pays qui est distincte de la côte cultivée et régulièrement habitée (ou le *Tell*), et qui, cependant, ne fait pas encore partie du désert (le *Sahara*), lisière où règne la culture du dattier, et qui s'étend, de l'ouest à l'est, du Maroc à l'Egypte. Mais le célèbre voyageur Shaw a voulu réduire le Biled-ul-Gerid à une contrée peu étendue dans l'intérieur du Tunis, qui a pour chef-lieu Tuzer ou Tozer. Le géographe arabe Temîmi, étend le Biled-ul-Gerid sur les contrées intérieures dépendantes de Tunis et d'Alger, en le divisant en deux parties ; l'une le *Zab* et l'autre la *Kastilliah* (Castille), dont Tuzer ou Tozer est la capitale.

L'étymologie même du mot est indécise ; on le fait signifier pays des lanciers ou des lances, pays des sauterelles, pays aride ; la seule signification de pays des dattiers ne trouve aucun appui dans la langue arabe, selon l'opinion des orientalistes.

Il serait donc intéressant d'obtenir quelques données nouvelles pour résoudre ce problème, en totalité ou en partie.

§ 6. Quelle est la véritable différence entre les *Maures* et les *Arabes* dans l'Afrique septentrionale ?

Aucun voyageur n'en établit le caractère distinctif avec la précision nécessaire.

Les Maures ne seraient-ils pas les descendans des anciennes colonies asiatiques, très-antérieures à l'invasion des Arabes musulmans au septième siècle ?

Observer les rapports particuliers qui peuvent exister entre les Maures et les nations de l'Asie occidentale, notamment les Perses anciens, et les peuples soumis aux Perses.

Il serait utile de recueillir, dans les états d'Alger et de Tunis, tous les noms géographiques qui présentent une similitude évidente avec les noms de la même classe en Perse, en Babylonie et en Syrie, en formant trois colonnes parallèles, l'une pour les noms de la géographie ancienne, y compris Ptolémée, une autre pour les noms de la géographie moderne depuis le septième siècle, et une troisième pour les noms asiatiques correspondans.

Quelles sont les différences essentielles qui distinguent les mœurs, les institutions et l'existence sociale des Maures, surtout *de ceux* de campagne, avec les Arabes? Il faudrait, pour rendre cette recherche fructueuse, commencer par faire abstraction de tout ce qui dépend de la religion musulmane, et que la communauté de croyance et de culte a rendu commun aux deux nations.

Est-il est vrai que les Maures agriculteurs font un plus fréquent usage de la polygamie que les Maures de ville? Quelles sont les causes et les conséquences de cette coutume?

Doit-on regarder comme vrais les rapports sur l'extrême rigueur avec laquelle les Maures de la campagne s'abstiennent du vin? Cette horreur du vin est-elle commune aux Berbers ou Kabyles?

§ 7. Au lieu des détails généraux sur les mœurs des *Arabes*, ne pourrait-on pas diriger ses recherches sur quelques points particuliers qui exigent d'être éclaircis? Telle serait une nomenclature exacte des tribus ou *Welled's* arabes, avec indication de l'origine qu'elles s'attribuent et dont elles conservent la tradition avec tant de soin que la saine critique doit y voir des monumens historiques importans. Telle serait encore une distinction bien établie entre les tribus qui vivent d'agriculture, ou les *Fellah*, et celles qui vivent à la manière des *Bedaouis*, ou Bedouins; parmi celles-ci, il faudrait encore distinguer les pasteurs nomades des plaines d'avec les pasteurs fixés dans les hautes vallées. Enfin, l'autorité des Scheyks, des Marabouts et des Mollahs, doit différer essentiellement entre ces diverses tribus.

Quant à l'ensemble de la manière de vivre des Arabes, il est déterminé par la religion et par les anciennes coutumes, déjà très-connues. Il faudrait donc fixer ses regards sur les particularités qui distinguent les *Mogrebins* des Orientaux.

Jusqu'à quel point l'arabe littéraire peut-il servir à converser avec les Arabes de la Barbarie? Existe-t-il de grandes différences entre les divers dialectes mogrebins?

Les usages des Arabes relatifs aux enterremens ne présentent-ils pas quelques traces du paganisme arabe antérieur au mahométanisme ?

N'existerait-il pas parmi les Arabes d'Afrique quelques traces du *sabéisme* ou de l'adoration des astres ?

Pourrait-on obtenir le dessin ou le modèle de quelques-uns de ces talismans *à figures*, que les Arabes suspendent au cou des enfans, pour les garantir des ensorcellemens ? La demande n'est relative qu'aux figures, et non pas aux versets, tirés du Koran, et dont l'usage est général à tous les peuples musulmans.

§ 8. Les *Berbers* sont, à tous les égards, la race la plus intéressante de cette grande région Atlantique, qui a pris d'eux le nom de Barbarie. Ils en paraissent les habitans indigènes, ils y forment encore une population très-nombreuse, et ils étendent leur domination sur une grande partie du Sahara et du Soudan. C'est un des objets les plus importans et les plus vastes sur lesquels on puisse porter son attention.

En quoi diffèrent l'angle facial, les cheveux et le teint d'un *Berber*, des mêmes objets chez un Maure de campagne ? Le physique d'un Berber offre-t-il quelques traits européens ? Ont-ils quelque ressemblance avec les Américains septentrionaux, par l'insensibilité de la peau, par le teint cuivré ou rouge-brun, et par la roideur des cheveux ?

Les *Shouiahs* ou *Chaouias*, ou Berbers des montagnes de l'état d'Alger, donnent-ils eux-mêmes ce nom général à leur peuple et à leur idiôme ? Ce mot a-t-il une signification dans leur langue ? A-t-il quelque rapport avec le mot hébreu *Schouo*, cri, clameur, noblesse, dignité ?

Les Berbers des montagnes d'Alger et de Tunis connaissent-ils le nom de *Kabyles*, qu'on leur donne dans les voyages ? Ce mot ne signifie-t-il pas montagnards, dans leur idiôme, comme on a voulu conclure du mot arabe *Djebbel* ou *Gebal*, qui, en hébreu, fût *Gabal*, d'où vient *Gabalene*, province au sud de la mer Morte, et la peuplade de *Kabales*, dans la Libye d'Hérodote? Dans le cas qui nous paraît que ce nom ne fut pas de l'idiôme des Showiah ou Berbers eux-mêmes, ne serait-ce pas un nom générique donné par les Maures à toutes les peuplades montagnardes de la Barbarie? Que doit-on penser de l'opinion qui fait venir le nom de *Kabayles* du mot *gebaila*, horde?

Quelles sont les dénominations particulières des tribus *Showiah*, *Berbères* ou *Kabyles*, qui demeurent sur le territoire de Constantine, aussi loin que les voyageurs pourront étendre leurs recherches? Se trouverait-il, parmi ces noms, quelques-uns qui rappelleraient ceux que M. Jackson a observés dans le Maroc, tels que *Ait-Amor*, *Zimourg*, *Zemore*; ou bien les *Masmudes* et les *Gumeri* de Léon?

§ 9. Serait-il possible d'obtenir une relation nouvelle, plus détaillée que celle de Bruce, sur les *Neardies*, tribu qui habite la partie méridionale du mont Auraz, au sud de Constantine? Ce que Bruce a dit sur leur teint plus blanc, leurs cheveux châtains, et leur haine moins forte pour les chrétiens, se confirme-t-il? Pourrait-on se procurer un vocabulaire de leur idiôme, afin de décider si ce sont des descendans des anciens Vandales, ou si c'est seulement le reste d'une population de sujets Romains, soumis aux Vandales, et qui, lors de la conquête de l'empire Vandale, se seront réfugiés dans les montagnes?

La croix grecque, que les Neardies se dessinent au-dessus des yeux, serait un fait, en apparence, contraire à leur origine Vandale. Mais ce fait est-il authentique? N'a-t-on pas pris pour une croix grecque un signe quelconque, soit de paganisme, soit de mahométisme? Le marteau de Thor, figuré sur les monumens du Nord, se présente ici naturellement à l'esprit.

Pourrait-on savoir si cette tradition sur les Vandales est réellement répandue parmi les Maures; et dans le cas qu'elle le fût, si, par Vandales, ils n'entendent pas *Andalous*?

Tout ce qui regarde cette tribu, ses mœurs, son idiôme, son culte, ses croyances, ses institutions, serait neuf et du plus grand intérêt.

N. B. Dans toutes les recherches indiquées aux paragraphes 6, 8 et 9, il est essentiel de se tenir en garde contre les ressemblances apparentes avec les Arabes modernes. Ce qui paraît Arabe ici, peut fort bien remonter jusqu'aux anciens Mauritaniens, et même jusqu'aux Berbers ou indigènes primitifs, puisque, avant toute invasion historiquement prouvée des peuples de l'Arabie, le géographe Strabon dit déjà que les habitans du mont Atlas ressemblaient aux Arabes.

§ 10. Ne pourrait-on se procurer quelques mesures barométriques de cette partie du mont Atlas où Constantine et Bone sont situées? Pourrait-on y joindre l'indication des principaux arbres fruitiers et des végétaux les plus remarquables qui croissent successivement sur les diverses terrasses? Cette échelle végétale pourrait même être très-utile, sans les mesures barométriques; car elle pourrait être comparée avec celle que le savant naturaliste danois, M. Schow, a donnée de la Sicile, où il y a déjà beaucoup de points d'élévation mesurés. Les mêmes végétaux, sous des latitudes et des longitudes très-rapprochées, donneraient une idée approximative de l'élévation de ce grand massif montagneux, qui forme ici la saillie septentrionale de l'Afrique.

La chaîne extérieure de l'Atlas ou le bord maritime de ce plateau, se compose-t-elle exclusivement d'un grès poreux, sillonné de veines de fer, et rempli de cavernes? Quelle est la largeur de ce banc de grès, à commencer depuis la mer? Est-il suivi dans l'intérieur d'un banc calcaire, avec des pétrifications, comme dans la partie occidentale d'Alger, visitée par M. Desfontaines?

N'exagère-t-on pas le tableau des cavernes creusées dans les montagnes de grès du côté de la mer, et dans lesquelles on prétend que les flots pénètrent à de grandes distances? Y a-t-il des éboulemens de roches? La mer y a-t-elle gagné?

Quelle est la nature des roches les plus élevées entre Constantine et Bone? Quelle est celle des monts Milah et des monts Auras? Ne pourrait-on pas se procurer des échantillons de ces roches, pour les envoyer à la Société?

§ 11. Le plateau ou massif que nous venons de désigner dans la question précédente, est-il le même auquel Aboulféda donne le nom général d'*Adouah*, ou le haut pays? Serait-ce le *mont Audus* de Ptolémée?

Que doit-on penser de la classification de montagnes, qui résulte de la Carte d'Alger et de Tunis, par M. Mannert? On y reconnaît plusieurs groupes ou petits massifs, séparés par les vallées de rivières. A l'est de la rivière Seïbus et au nord-ouest des affluens de la Mejerdah, le mont *Shebna* s'étend dans la direction de Biserta, séparant le bassin de la Mejerdah, de la mer. A l'ouest du fleuve Seïbus, et à l'est des fleuves Suffimers ou Wadalkibir, venant de Constantine, le mont *Sgaure* forme un massif particulier, terminé au nord par la presqu'île de Culla, et à l'est, par le golfe de Bone. Au sud de ces deux massifs, s'élève le mont *Millah*, qui va joindre l'*Auras*, sommet apparent de tout le système. Les analogies géologiques font croire que ces divers massifs diffèrent entre eux par les roches qui les composent, et les minéraux qu'ils renferment.

S'attacher à rapporter séparément, à chacune de ces régions géographiques, les faits de géologie, de minéralogie et de physique générale qu'on aurait vus ou recueillis. C'est l'ordre et la classification par régions, qui seuls donnent une valeur positive à ces faits, même aux plus simples, aux plus vulgaires.

§ 12. Le vallon volcanique de *Hammam Sekout* ou *Meskouten*, à l'est de Constantine, mériterait une description plus détaillée et plus précise que celle que nous en possédons dans Poiret et Shaw. Si les voyageurs voulaient chercher d'autres phénomènes du même genre (et ils paraissent abonder dans la région Atlantique), ils pourront tirer parti de l'observation philologique que le mot arabe ou hébreu

Hamaïm ou *Hamam*, désigne des sources chaudes, des jets d'eau, des sources sortant avec bruit; delà les dénominations de *Hamam Gurbos*, *Hamam Leef*, *Hamam Metcegha*, et autres, dans Alger et Tunis.

MALTE-BRUN.

Additions aux questions précédentes.

1° Prendre, des pilotes qui longent les côtes d'Alger et de Tunis, tous les renseignemens qu'ils pourront fournir sur la bonté des rades, les dangers et les écueils qui pourraient s'y trouver; sur toutes les rivières qui se jettent à la mer, sur leur distance à l'égard de lieux connus, et sur les ruines d'anciennes villes que cette côte présente.

2° Prendre des informations sur les eaux thermales appelées aujourd'hui *Hammam*, et autrefois *Aquæ Tibilitanæ*, sur la route de Bone à Constantine.

3° Y a-t-il quelques ruines d'anciennes villes, aux environs de Bone et de la Cale?

B du B.

NUBIE ET ABYSSINIE.

1° Le savant voyageur Burckhardt a réuni beaucoup d'observations relatives aux mœurs et au langage de la tribu des Arabes Bicharyeh, établie entre le Nil et la mer Rouge, du 21ᵉ au 16ᵉ dégré de latitude, et a décrit avec détails la route de Chendy à Souakin, en passant par le pays de Tâkà; mais il n'a pas eu le temps de réunir les données géographiques qui seraient indispensables pour fixer le cours de l'Atbara, celui de ses affluens, la direction et la nature des montagnes qui séparent ce bassin de la mer Rouge, entre Souakin et Masouah. On ignore où prend positivement sa source la rivière de Mogren, la dernière vers le Nord que reçoit l'Atbara, un peu avant de tomber dans le Nil ; enfin on ne connaît pas les rivières qui descendent probablement de la même chaîne de montagnes vers le golfe Arabique , puisque Burckhardt nous apprend qu'à la fin de juin et pendant un mois, le pays est inondé , à la hauteur de 2 ou 3 pieds , par de larges torrens qui viennent du sud et du sud – est, laissant sur le sol un épais limon comme celui du Nil. En même temps des pluies copieuses tombent dans tout le pays.

2° C'est en étudiant ces montagnes et les eaux qui coulent sur leurs flancs qu'on pourrait découvrir ce qui a pu donner naissance à une tradition singulière et sans doute fabuleuse, savoir qu'il serait possible de détourner le cours du Nil et de le jeter dans la mer Rouge. La distance la plus courte de celle-ci au Nil est entre Souakin et le confluent de l'Atbara ; d'autre part, le vallon de Mogren paraît prendre naissance dans la même montagne que celui qu'on appelle *Chinterab* , et qui descend à l'est vers la mer. Il faudrait connaître si le plateau du mont Dyaab est disposé de manière que les eaux de ces deux bassins, ou de deux autres situés semblablement, puissent communiquer ensemble dans la saison des pluies.

3° La géographie physique des côtes occidentales de la mer Rouge étant presqu'entièrement inconnue depuis le 15ᵉ jusqu'au 25ᵉ degré de latitude, on ferait une chose très-utile à la science en les visitant avec soin et s'élevant jusqu'à la crète des montagnes. On aurait ainsi l'occasion de résoudre la question ci–dessus énoncée, ainsi que plusieurs autres qui intéressent plus particulièrement l'histoire et la géographie anciennes.

E. J.

Pays à l'Occident du Nil.

1° Il est nécessaire de se procurer un vocabulaire, le plus étendu qu'il sera possible, et au moins des mots dont la liste est ci-jointe (1),

---

(1) Cette liste sera publiée ultérieurement.

1° Pour la langue des naturels du Kourdfân et de Dârfour; 2° pour la langue des *Chillouks* ou idolâtres. On possède déjà par M. Cailliaud, une liste précieuse des noms de pays: celle que l'on demande serait utile pour comparer ces idiômes avec ceux dont on a la connaissance par Burckhardt. Il faudrait, après avoir écrit en français les mots dont il s'agit, les faire écrire sur les lieux par les habitans du pays, familiers avec les caractères arabes. L'orthographe arabe rectifiera ce qu'il y aurait d'incomplet dans la transcription française.

2° Il serait utile de déterminer approximativement, au moins par le moyen d'une boussole, les distances des lieux à l'occident du Nil. Au défaut de ces instrumens, on doit recueillir les divers rapports des habitans sur les intervalles exprimés en *heures* de marche et non pas en *journées*, et demander si les trajets ont été faits par des caravanes pesamment chargées, ou par de petites troupes.

3° Procurer des renseignemens exacts sur les montagnes qui séparent le Dongolah du Dârfour et sur celles qui séparent le Dârfour de Djebel-Qoumry ou les *Montagnes de la Lune* considérées comme la source du Nil-Blanc; c'est-à-dire la hauteur, la succession et la direction de ces diverses montagnes.

4° Donner le plus de renseignemens qu'il sera possible sur le cours du Nil-Blanc, au-dessus du confluent du Nil-Bleu.

5° Découvrir s'il y a quelques communications entre le Dârfour et Bornou, et indiquer la nature de ces communications. La position de ce dernier lieu, plus méridionale qu'on ne croyait, porte à croire qu'elles doivent être assez fréquentes. Que faut-il penser du récit des noirs au sujet de la rivière qui, après s'être jetée dans le lac de Bournou, tombe ensuite, disent-ils, dans le Nil d'Égypte.

Nota. On croit maintenant assez généralement qu'il est possible que ces rivières communiquent ensemble, mais seulement dans les hautes eaux, ce qui n'empêche pas que leurs cours soient opposés.

E. J.

SÉNÉGAMBIE.

1° Rechercher et recueillir tous les renseignemens que pourront fournir les Marabouts et les Maures les plus instruits sur les cataractes du Bâ-Fing ou Sénégal, principalement celles de Félou et de Gowina.

2° Rassembler les élémens d'un vocabulaire *mandingue* et d'un vocabulaire de la langue *Foule*; recueillir tous les mots de *Berber* connus des habitans.

3° Fixer la position géographique de Bakel, de Galam, et du point de la rivière appelée *Bâ-Ouanlima*, tombant dans le Sénégal.

4° Réunir toutes les notions qu'on pourra se procurer sur le pays de Kaarta (aujourd'hui sous la domination des Maures), sur les forêts qui le séparent du Bambara d'après Hadjy Abou-Bekr; et sur la possibilité de se rendre par cette route, des bords du Bâ-Fing sur ceux du Dialliba, soit à Sansanding, soit à Djenny, ou ailleurs, seul ou en caravane.

5° Procurer des observations sur la hauteur des points culminans de la montagne de Kong, à l'est du Sénégal, et sur l'élévation de celles de Timbo et de Lomba, au midi.

6° Savoir si Djara est la même ville que Bagnat, nommée ainsi par les Maures, d'après le nom de la contrée dont elle est la capitale.

7° Tgazza de Léon l'Africain est-il le même lieu que Tischit, qui fournit du sel aux habitans des bords du Dialliba?

8° Recueillir les noms des villes, des montagnes et des rivières de la Sénégambie, en caractères arabes, ou autres qui pourraient être en usage dans le pays, et écrits de la main des naturels, ou à leur défaut par un cheykh Marabout.

Nota. Ces questions ne sont pas uniquement limitées aux rives du Sénégal : elles peuvent être adressées aux voyageurs parcourant la Sénégambie.

E. J.

FRANCE.

Basse-Bretagne.

Des voyageurs dans l'intérieur de la France peuvent procurer des notions nouvelles et de même des découvertes d'une grande utilité pour la Géographie, lorsqu'ils sont bien dirigés, lorsqu'un plan mûrement combiné porte les regards du voyageur sur les objets réellement nouveaux et dignes d'attention. D'une autre part, les recherches des voyageurs doivent être facilitées par le surcroît de considération que donne une lettre de recommandation, délivrée au nom d'une Société aussi respectable. Mais plus une semblable mission est honorable, plus aussi la Commission doit insister pour que ceux qu'elle en investira, se présentent dans les contrées qu'ils visiteront avec toute la gravité des observateurs savans, parfaitement instruits de ce qu'il faut chercher et des méthodes d'après lesquelles il faut diriger les recherches.

Observations préliminaires.

1°. Il existe plusieurs ouvrages importans sur la Basse-Bretagne ; tels sont le *voyage dans le Finistère* par M. Cambry, préfet, 3 vol. 1802. Les *recherches sur la Bretagne* par M. le chevalier *de Penhouet*, 1 vol. in-4°, 1814 et un autre volume in-folio, du même auteur, intitulé *monumens de la Basse-Bretagne*, etc. La conmission Centrale pourrait engager les observateurs à consulter tous les ouvrages publiés sur la contrée dont ils veulent faire la description afin d'éviter les redites et les recherches déja faites.

2°. Il serait à desirer qu'on presentât à l'approbation de la commission centrale un plan de la description que l'on propose de faire de la Basse-Bretagne, pays dans lequel on espère faire de nouvelles observations.

1° Serait-il possible aux voyageurs de faire quelques nivellemens barométriques pour déterminer l'étendue et les limites de l'espèce de plateau qui occupe le milieu de la péninsule de la Bretagne?

2° Les voyageurs pourraient-il rapporter quelques observations nouvelles sur l'humidité de l'atmosphère et sur ce qu'il doit y avoir de constant et de périodique dans les changemens subits de la direction des vents?

3° La chaleur moyenne de l'année est très élevée à Nantes et à Brest, ce qui permet au laurier, au myrte et à d'autres végétaux des côtes de la Méditerranée d'y venir en plein air; mais il serait à desirer que les voyageurs pûssent déterminer avec exactitude jusqu'à quelle distance de la mer et jusqu'à quelle élévation du sol au-dessus du niveau de l'Océan s'étend cette végétation étrangère au climat général de ces latitudes.

Toutes les circonstances relatives à ce phénomène seraient d'un grand intérêt tant pour la Géographie physique que pour l'histoire des peuples ; car ces mêmes végétaux italiens et provençaux viennent sur les rivages de l'Irlande, sur ceux de Cornouailles et sur ceux des Asturies et de la Galice. Ils ne peuvent guère y être indigènes, du moins pour ce qui concerne la Bretagne et l'Irlande ; comment y ont-il été introduits? Est-ce par les Romains, lors de l'établissement des colonies et des cultures italiennes dans la Gaule pacifiée sous le règne d'Auguste? Serait-ce par les peuples du nord de l'Espagne, lorsqu'ils portèrent par mer leurs colonies en Irlande et dans la Grande-Bretagne ?

4° Les voyageurs pourraient-il faire quelques recherches sur la position des anciennes villes gauloises et romaines, telles que *Portus Brivates* et *Corbilo?* leurs emplacemens supposés ne sont pas loin des endroits que l'on se propose de visiter.

Malte-Brun

POLOGNE.

La vaste étendue de la plaine Sarmatique, entre la mer Baltique et la mer Noire, est généralement reconnue aujourd'hui dans les Géographies savantes, et dans les bons Atlas. Le peu d'élévation du sol au-dessus des deux mers, l'absence de toute chaîne de montagnes, l'uniformité générale des climats, la nature des terrains argileux, marneux et sablonneux, le caractère de la végétation, tous ces faits sont connus, mais en masse, et sans ces détails que la science se plaît à trouver dans toutes les parties de son vaste répertoire.

De savans voyageurs modernes ont porté leur attention sur les monts Carpathes; ils ont dédaigné la plaine: le Mémoire de Guettard sur la nature des divers sols, la préface de la Flore Lithuanienne de Gilibert, et l'Histoire naturelle de la Pologne par Rzaczinsky, ne satisfont plus aux besoins de la science.

Tandis que les Russes ont nivelé barométriquement le sol de leurs provinces, depuis le plateau de Waldaï jusqu'à la mer Caspienne, et jusqu'à la mer d'Azof, tandis que l'Allemagne connaît l'élévation de presque tous les points de son sol, même des collines et des plaines; nous ne possédons que des observations isolées et sans précision sur la Pologne et la Lithuanie, ou du moins s'il existe des observations complètes et précises, elles ne sont pas généralement connues. Les nuances de climat et de

la végétation n'ont pas été examinées sous un point de vue scientifi-
que ; plusieurs localités remarquables paraissent avoir été comme
confondues dans l'uniformité apparente de l'ensemble. A la vérité,
le tableau de la Pologne, publié par notre collègue M. Malte-Brun,
en 1807, et dont nous rendîmes compte alors dans la Revue phi-
losophique, a fait naître des recherches et des discussions intéressan-
tes sur quelques points de Géographie ancienne et de statistique ;
mais la Géographie physique de la plaine Sarmatique n'a fait que
des progrès insensibles depuis cette époque, si l'on en juge toutefois par les ouvrages imprimés.

D'après l'examen de ces derniers et les lacunes que nous croyons
reconnaître, nous desirons appeler l'attention non seulement des
voyageurs, mais encore des savans domiciliés dans le pays, sur les
points suivans :

1° Existe-il une mesure, ou une suite de mesures de nivellement
depuis les embouchures de la Vistule, du Niemen, ou de la Duna
jusqu'à celle du Dnieper, du Bog et du Dniester. Si les officiers
d'état-major en levant des cartes, ou les ingénieurs en traçant
des canaux, ont fait des nivellemens dans ces directions, il serait
infiniment utile pour la Géographie de les publier, lors même
qu'ils n'offriraient pas une perfection absolue.

2° Quel est le niveau au-dessus de l'une ou de l'autre mer des
lieux où naissent les rivières Beresina, Wilia, Niemen, Sczara,
Narewa, Jasiolda, Pripetz et Strumyen ? (Voy. la Carte hydro-
graphique de la Pologne, par le général Komarzewski). Comme, sur
toute cette ligne, plusieurs cartes figurent encore des chaînes de
montagnes imaginaires, il serait utile qu'on eût quelques mesures
précises sur l'encaissement des rivières, sur l'élévation des collines, s'il en existe, et principalement sur la position des marais, qui, selon les cartes de Komarzewski, Oppermann et
Rizzi-Zannoni, fournissent toutes à-la-fois des eaux à la mer
Noire et à la Baltique.

3° Les monts Bieczad en Gallicie, et les montagnes de la Bukowine sont comme deux promontoires du massif des Carpathes, vers le nord-est. Il sont d'autant plus remarquables qu'ils terminent, dans cette direction, tout ce grand système de chaînes et de plateaux qui remplit le centre et le midi de l'Europe. Nous ne connaissons aucun nivellement, aucune description de ces montagnes, qui détermine d'une manière précise leur étendue et leur limite du côté de la grande plaine. On desirerait en même temps quelques renseignemens sur la direction et l'élévation de cette crête granitique qui, partant des promontoires des monts Carpathes, traverse la *Podolie*, et vient former les cataractes du Borysthène. Cette crête, que coupent tous les cours d'eau, et qui sépare la plaine intérieure plus humide, plus boisée et un peu plus élevée, de la contrée maritime où se trouvent Kherson, Oczakof et Odessa, n'aurait-elle pas aussi une influence plus marquée sur le climat et la végétation qu'on ne lui en accorde jusqu'à présent.

4° Une tradition populaire, rapportée dans le Tableau de la Pologne de M. Malte-Brun, veut que les grands marais de Podlesie, les plus vastes de l'Europe, aient formé anciennement un lac immense, qu'un Roi de Kiovie aurait fait disparaître, en ouvrant aux eaux un débouché vers le Dniéper, ou peut-être en élargissant celui qui existe aujourd'hui. Cette tradition nous paraît mériter beaucoup d'attention. Elle pourrait bien toutefois ne présenter qu'un simple fait physique qui se rattacherait alors à plusieurs autres exemples de lacs desséchés. On desirerait qu'un observateur instruit fît le tour de ce grand marais de Podlesie, pour examiner si les anciennes limites d'un lac ne s'y reconnaîtraient pas encore dans une suite de dunes sablonneuses, des falaises calcaires ou argileuses, ou s'il ne s'y rencontre pas d'autres accidens du terrain. Une description physique de ce marais offrirait peut-être d'autres faits intéressans. Rzaczinski, dans son Histoire naturelle, indique des couches de craie et de pétrifications dans la partie de la Wolhynie qui avoisine la Podlesie.

D'après quelques cartes, il paraîtrait que les marais de la Podlesie seraient divisés, pour ainsi dire, en plusieurs bassins, dont celui de *Rakitna-Ballota* paraît le plus remarquable.

5° Une grande partie de la Lithuanie est entièrement dépourvue de pierres ; d'autres districts présentent des plaines couvertes de blocs de granit : une distinction exacte de ces régions manque encore et ne serait certainement pas sans intérêt. Elle fournirait un nouveau terme de comparaison avec les observations que l'on possède déjà sur des faits analogues existans dans tous les pays situés autour du bassin méridional de la mer Baltique.

6° La Basse-Vistule, la Narewa et le Niemen depuis Grodno circonscrivent une espèce d'île dont la Prusse orientale occupe la plus grande partie. Le centre de cette région naturelle est, selon Guettard, formé de terreins glaiseux : il est rempli de lacs et de forêts. On l'a peu visité ; on n'en connaît pas le niveau. Ce petit plateau n'aurait-il pas des rapports physiques avec la Poméranie, le Mecklembourg, le Holstein et le Jutland ? Ne s'y trouverait-il pas, comme dans les régions indiquées, des couches alternatives de glaise, de sable et de tourbe, avec des mines de houille brunâtre imparfaite en quelques dépôts d'ambre jaune ? N'y rencontrerait-on pas, à la surface, ces amas de blocs de granit qui caractérisent toutes les régions de la mer Baltique.

7° Ne pourrait-on pas réunir une Notice sur tous les lieux de l'intérieur de la Pologne et de la Lithuanie où l'ambre jaune a été découvert. Rzaczinski en indique, près de Chelni et de Dubno, dans les terreins crayeux qui limitent au sud la région des marais de la Podlesie.

8° Qu'est-ce que les étangs (*stagna*) de Troki en Lithuanie, qui ne gèlent jamais, d'après Starovolski, dans sa *Polonia* p. 35, édition de Wolfenbuttel de 1656 ?

9° Les îles flottantes à Rakow, à Nieswitz, à Drina, dont parle Rzaczinski, dans son Histoire naturelle de la Pologne, existent-elles encore ? Ce phénomène doit être assez commun dans un pays rempli de lacs marécageux et de forêts immenses.

10° On trouve, dans le même Rzaczinki, plusieurs faits très-curieux sur l'extrême irrégularité des saisons dans la plaine Sarmatique, tirés en grande partie d'un ouvrage intitulé: *Physica curiosa*, par Tylkowski. On y voit qu'en 1379, la moisson fut faite en Prusse avant la Saint-Jean ; qu'en 1568 il y eut à Dantzick un second printemps, qui fit fleurir les rosiers le 21 octobre ; que des phénomènes semblables se renouvelèrent en 1588 et 1659. On trouve d'autres passages de Stryïkowsky sur des hivers si doux en Lithuanie que la terre y restait couverte de fleurs et de verdure. Il existe une météorologie par Reintzer, où il est question de « pierres de foudre » tombées du temps de Jagellon. Il serait à desirer que quelques savans polonais se réunissent pour rechercher et rassembler tous les faits de ce genre qui doivent se trouver consignés dans les archives des villes , des monastères et des châteaux.

11° Blaise-Vigenère avait observé, en 1573, que la vigne croissait spontanément en Podolie. (Voy. son itinéraire, paragraphe 14) Rzaczinski parle de vignes près de Lemberg : il serait intéressant de suivre la culture de la vigne dans toutes les contrées à l'est des monts Carpathes depuis Lemberg jusqu'en Moldavie.

12° En attendant que des observations météorologiques scientifiquement combinées soient simultanément faites à Koenigsberg , à Vilna , à Varsovie , à Kiovie et à Odessa, ne pourrait-on pas former le tableau complet des époques de floraison des principaux arbres, arbustes et plantes usuelles tel qu'un ancien auteur allemand, Erndtel , en avait essayé l'esquisse dans son ouvrage intitulé: *Warsovia physicè illustrata*. On y pourrait joindre aussi une Notice sur l'époque des récoltes ; et ce serait encore un travail d'un grand secours pour la Géographie physique comparée.

On trouve dans des écrivains anciens, tels que Guagnini, Cromer et autres, des indications sur les saisons et la végétation , qui peuvent ne pas être exactes, mais dont les parallèles manquent chez les voyageurs modernes, témoin *Coxe*, qui n'a vu que les salons de

Varsovie, les églises, les auberges et les grands chemins.

13° Les auteurs anciens sont remplis de remarques et de citations sur l'énorme grosseur des arbres de la Pologne et de la Prusse. Selon Æneas-Sylvius, un seul chêne servit long-temps de redoute à un corps de chevaliers teutoniques contre les Prussiens idolâtres. Selon Hartknoch, il y avait à Welau un chêne dans lequel se trouvait un creux de 27 aunes de circonférence. Les Cosaques du Dnieper creusaient, dans des troncs de tilleuls, des bateaux assez forts pour traverver la mer Noire. Des recherches soigneuses ne feraient-elles pas découvrir aujourd'hui des exemples qui confirmeraient ces faits ?

14° Rzaczinski, pages 65 et 66, rapporte que dans la Podolie, on conserve les blés dans des puits faits en terre : il serait infiniment curieux d'obtenir une description de ces espèces de silos.

15° Le *lazur* (ce minéral est sans doute le lapis lazuli est nommé, dans la Cosmographie de Munster, p. 1007 : il figure parmi les articles d'exportation que la Pologne expédiait à Breslaw. Rzaczinski parle d'une table de lazur envoyé par le Palatin Bidzinski au pape Innocent IX. Connaît-on aujourd'hui les localités où ce minéral se rencontre ?

DE LA RENAUDIÈRE.

AMÉRIQUE SEPTENTRIONALE.

Province du Texas, ou Nuevas Philipinas.

Les rapports politiques et commerciaux qui ont existé depuis quelques années entre les Etats-Unis et la province du Texas, ont servi à faire connaître l'état actuel de ce pays, qui est situé entre la Louisiane, le Golfe du Mexique, le Rio-del-Norte et la rivière Rouge, et a, suivant Alcedo, 220 lieues de longueur et plus de 60 de largeur.

Le même auteur le décrit comme un des plus beaux pays de la terre, tant sous le rapport de la fertilité du sol que sous celui de la bonté du climat. Néanmoins, malgré ces avantages, il ne compte que cinq établissemens peu considérables.

Alcedo dit que le Texas est habité par une infinité de nations Indiennes. Toutefois sa population blanche, antérieurement à 1812, n'était que de 7,000 habitans ; et depuis cette époque, on assure qu'elle a subi une diminution considérable, et qu'elle se trouve actuellement réduite à environ 4,000 habitans.

On en a publié, à Philadelphie, une courte description ; mais nous ignorons la situation actuelle de cette province.

De la colonie Grecque établie par l'Angleterre aux Florides, et des causes de sa dispersion.

M. Stoddard dit que, vers l'année 1767, lorsque la Floride appartenait à l'Angleterre, on forma le projet d'y établir une colonie Grecque. Sir William Duncaret et le docteur Turnbull furent les deux principaux directeurs de l'entreprise. Les Grecs se laissèrent séduire par la peinture qu'on leur fit de la fertilité de ce pays ; et quatre cents d'entr'eux, la plupart originaires des îles de l'Archipel, et quelques Italiens, s'embarquèrent pour la Floride. Ils arrivèrent heureusement sur la côte orientale et s'arrêtèrent dans un lieu qu'ils appelèrent la Nouvelle Smyrne, à 70 milles au sud de Saint-Augustin. Mais quelle fut leur douleur, lorsqu'au lieu de campagnes riantes et cultivées, ils ne virent de toutes parts qu'un vaste désert qui pouvait à peine fournir à leur existence. Pour surcroît d'affliction, les seules terres de la colonie qui se trouvaient susceptibles de culture, ne leur furent affermées par les propriétaires que pour le terme de dix ans, à l'expiration desquels elles retournaient à ceux-ci. Il y en eut même plusieurs qui ne purent en obtenir à ces conditions. Force leur fut de se placer, comme ouvriers ou comme esclaves, chez les planteurs. Là, des inspecteurs présidaient à leurs travaux ;

et quand la tâche imposée n'était pas remplie, des coups de fouet étaient leur salaire. Les familles ne purent obtenir la permission de vivre séparément: on leur refusa même la ressource de pêcher sur les côtes voisines; et il fut défendu, sous les peines les plus sévères, de leur fournir des vivres. Ces traitemens barbares en conduisirent un grand nombre au tombeau. Enfin, en 1769, réduits au désespoir, ils s'insurgèrent contre leurs tyrans, et s'emparèrent de plusieurs petits navires, à bord desquels ils allaient s'embarquer, lorsqu'on fit marcher contre eux une force militaire imposante, qui étouffa l'insurrection dans le sang de ces malheureux (1).

Il est peu vraissemblable que les propriétaires, qui avaient le plus grand intérêt à ce que leur établissement prospérât, aient pu traiter ces malheureux Grecs d'une manière si barbare. Quoi qu'il en soit, il nous a été impossible jusqu'ici de trouver des renseignemens positifs sur le sort de cette colonie, dont il ne subsiste plus le moindre vestige. Il serait curieux de faire des recherches à ce sujet.

Rocky mountains.

Quel est le nombre et quelles sont les habitudes des peuplades Indiennes qui habitent les monts Chippewyan, ou *Rocky Mountains,* et les vallées qu'ils embrassent?

WARDEN.

AMÉRIQUE MÉRIDIONALE.

BRÉSIL.

1° Il serait à désirer que le voyageur ne perdît jamais de vue une circonstance particulière au Brésil, que voici. Les *Toupi* ou *Guarani* sont une grande nation répandue sur toute la partie méridionale et

---

(1) Sketches historical and descriptive of Louisiana, by major Amos Stoddard, 8°, Philadelphia 1812, chap. 2, p. 121.

centrale de ce royaume. Leur langue et leurs mœurs ont été fréquemment observées. Il n'en est pas de même de 51 petites tribus différentes de cette race principale, et dont les idiômes paraissent indiquer une diversité absolue et radicale.

C'est donc sur ces peuplades que le voyageur devrait surtout chercher à obtenir des renseignemens.

2° Les noms de ces 51 tribus sont indiqués dans l'ouvrage italien *Idea del Universo*, de l'abbé Hervas; Césène, 1784, Vol. XVII, p. 2 : mais comme cette indication est fondée sur les manuscrits des anciens missionnaires, beaucoup de ces tribus ont pu disparaître.

Les *Goaitaca*, sur la côte maritime, entre 21 et 22 degrés de latitude; les *Machacaris* et les *Comanuchos*, dans les montagnes de la côte, non loin de la tribu précédente, entre 18 et 20 degrés de latitude; les *Kiriri*, dans le gouvernement de Bahia; les *Grens*, dans celui d'Ilheos; les *Yacarayaba*, au nord-est de Goyaz; les *Bororos*, à l'est de Cuyaba, paraissent, sous plusieurs rapports, les plus remarquables de ces tribus sauvages.

3° La comparaison des langues de l'Asie et de l'Amérique Septentrionale a mis hors de doute l'affinité de quelques nations dans ces deux parties du monde. Les idiômes de l'Amérique Méridionale, ceux du Brésil surtout, n'ont fourni aucune preuve d'une origine Africaine des peuples de cette partie du nouveau continent. Ce fait mérite un examen, qui ne peut se faire qu'à l'aide des vocabulaires recueillis de la bouche des Sauvages. On n'ignore pas les difficultés de ce travail. Nous prions les voyageurs de s'occuper, avant tout, de ces mots vraiment radicaux, qui désignent les objets matériels, les premiers besoins de la vie et les premiers liens de la société humaine.

4° Procurer un exemplaire du *Catéchisme en langue Kiriri*, par le P. *Mamiani*; Lisbonne, 1608. En général, tous les opuscules imprimés ou manuscrits dans un dialecte brésilien (autre que la langue déjà connue des *Guarani*), sont des objets précieux pour l'histoire des peuples.

5° Les tribus peu connues des *Charruas*, des *Minuanes* et des *Guénous* méritent particulièrement de l'attention. Ces nations de la *Banda Oriental* et des bords de l'Uruguay, tiennent-elles aux Guarani du Brésil ou aux *Mbayas* du Paraguay, ou forment-elles une race à part ?

6° A-t-on fait des nivellemens barométriques dans l'intérieur du Brésil ? Connaît-on l'élévation des plateaux où les fleuves *Tocantin*, *Araguay*, *Xingu*, *Topayos* et *Paraguay* prennent leurs sources ? Connaît-on le niveau absolu des *Campos-Parésis* ?

On croit que M. le colonel Eschwege, directeur des mines, a fait plusieurs nivellemens barométriques. Ne serait-il pas possible, en faisant connaître à ce savant minéralogiste le but de la *Société de Géographie*, de l'engager à nous les communiquer, pour les publier en son nom ?

7° Que doit-on penser de ces petites chaînes de hauteurs qu'on voit sur quelques cartes sous le nom de *montagnes du Chiquito* et *montagnes de Cuyaba* ? Y a-t-il des collines tant soit peu considérables entre les versans d'eau qui appartiennent au bassin de l'Amazone et ceux qui font partie du bassin de la Plata ? Ces collines forment-elles une chaîne ou série contiguë ? ou bien ne constituent-elles que des groupes isolés au milieu d'une plaine immense ? Si ces régions sont des plaines, est-il vrai que les lacs qui s'y forment dans la saison pluvieuse permettent de communiquer en bateau du fleuve Paraguay aux fleuves tributaires de l'Amazone ? Ces plaines sont-elles nues et sablonneuses comme les déserts d'Afrique, ou verdoyantes comme les savannes de l'Amérique Septentrionale ?

8° Que doit-on penser de l'assertion, que le Brésil proprement dit, ou la partie orientale comprise entre le fleuve Tocantin, le fleuve la Plata et l'Océan, est un plateau ou plaine élevée de 4 à 500 toises au-dessus du niveau de la mer, et parsemée de montagnes élevées de 100 à 200 toises au-dessus de la plaine? N'y a-t-il aucune montagne, dans le Brésil Occidental, qui dépasse cette élévation de 6 à 700 toises?

9° On trouve, dans le savant ouvrage que M. Balbi vient de publier sur le Portugal, une liste assez longue des travaux géographiques récemment exécutés dans le Brésil, par ordre du gouvernement ou par le zèle louable des particuliers, et dont la plus grande partie est manuscrite. On y annonce des ouvrages géographiques et statistiques, qui sont sous presse. Pourrait-on se procurer une Notice complète de tous ces ouvrages? Ne se trouverait-il pas quelques auteurs d'ouvrages manuscrits, disposés à charger la *Société de Géographie* du soin de faire imprimer et publier les fruits de leurs savantes veilles? (Voyez ci-après la *Note*).

10°. Les documens officiels, relatifs aux expéditions des Portugais dans l'intérieur de l'Afrique méridionale, et notamment à la traversée que des détachemens portugais ont faite depuis Angola jusqu'à Mocambique, existaient dans *l'archivio militar* à Lisbonne; mais, lors de la translation de la Cour à Rio-Janeïro, ces papiers ont été portés au Brésil où ils doivent exister dans quelque dépôt public ou dans quelque bureau ministériel.

Le gouvernement brésilien se ferait honneur aux yeux de l'Europe savante et éclairée, en publiant ou en permettant qu'on publie un extrait de ces relations que l'ancien gouvernement portugais dérobait à la connaissance du public, au détriment de la gloire nationale du Portugal.

Si l'on pouvait obtenir communication de ces papiers, on rendrait un service éminent à la science géographique.

Ces papiers peuvent être d'une trop grande étendue pour être insérés en entier dans la relation du voyageur, mais il serait toujours désirable pour la Société de Géographie d'en obtenir une copie complète.

N. B. Ces questions ont été rédigées pour un Voyageur, qui se proposait d'aller au Brésil *avant* que la traduction du Voyage du Prince de Neu-Wied eût paru.

Malte-Brun.

ILES DU GRAND OCÉAN.

Première question.

En 1784, dans la distance de 80 milles d'Ounalaschka, pendant un temps orageux et durant plusieurs jours, la mer vomissait du feu et des pierres; de cette manière s'est formée une île conique qui s'éteignit bientôt, mais qui fume toujours. Les Aléoutes et les Russes qui sont au service de la compagnie de l'Amérique nord-ouest, l'ont vue à différentes époques, et ont jugé approximativement qu'elle ne pouvait avoir plus de 50 brasses de hauteur, et une circonférence d'un mille et demi marin.

En 1815, ils la visitèrent encore, et virent un nombre considérable de lions marins sur les rivages; l'île était couverte de cendres. Les Russes ont appelé cette île *Gromoff-Syn*, c'est-à-dire, *Fils du Tonnerre.*

La position n'en a jamais été déterminée par aucun bâtiment; il serait à desirer qu'elle le fût exactement.

Deuxième question.

Le Rio-Sacramento se jette dans la Baye, au nord-ouest de la mission de San Francisco, dans la nouvelle Californie. Les Espagnols avaient entrepris, à différentes époques, d'en examiner le cours et d'en déterminer la source, ce qui ne fut jamais exécuté.

Troisième question.

Dans les îles Sandwich, on reconnaît deux races différentes parmi les indigènes. Le peuple est petit, maigre, d'une couleur jaunâtre et a les cheveux longs. La noblesse est plus grande, robuste, grasse, d'un *brun noir* et a les cheveux plus courts, comme un peu frisés : ce qui indiquerait que le peuple a été conquis par les nobles, qui ont établi dans ces îles un gouvernement féodal. Les nobles seuls peuvent participer aux mystères de la religion ; ils savent tous *des prières dans une ancienne langue, dont le sens ne leur est plus connu.* Il serait important de se faire dicter par eux quelques-unes de ces prières, ou au moins, un certain nombre des mots qui y sont contenus, afin de pouvoir les comparer avec les langues des peuples australiens et autres.

Quatrième question.

La montagne de Mona-Roa, qui se trouve sur l'île Ovayhi, une des îles Sandwich, est de 5027 mètres au-dessus du niveau de la mer. Plusieurs voyageurs ont dit que la cîme en était toujours recouverte de neige. Lorsque nous visitâmes ces îles, en 1816, au mois de novembre (mois d'hiver), et l'année suivante, au mois de septembre, nous n'en vîmes point. Il serait intéressant de demander aux indigènes à quelle époque et en quelles circonstances la neige s'y dépose, y séjourne et disparaît.

Louis Choris.

N. B. Le Lecteur est invité à consulter le programme des prix offerts par la Société dans la première assemblée générale de l'année 1824.